금강경 한글 사경

우룡큰스님 · 김현준 편역

효림

우룡雨龍 큰스님

1947년 해인사에서 고봉스님을 은사로 출가. 해인사 등 전국 여러 강원의 강사를 역임하였으며, 통도사 극락선원, 수덕사 능인선원 등의 제방선원에서 수선안거하였다. 현재 경주 함월사 조실로 계시면서 후학을 지도하고, 불자들의 불심을 깨우쳐 주고 계신다. 저서로는 『생활 속의 금강경』 등 10여종이 있다.

김현준 金鉉埈

평생을 불교 수행·포교·연구에 몰두하였으며, 현재 불교신행연구원 원장, 월간 「법공양」 발행인 및 편집인, 효림출판사와 새벽숲출판사의 주필 및 고문으로 활동하고 있다. 저서로는 『그래서 인연입니다』『생활 속의 반야심경』 등 40여종과 불자들의 신행을 돕는 사경집 20여종, 『법화경』 등 번역서 10여종이 있다.

금강경 한글 사경

초 판 1쇄 펴낸날 2010년 10월   1일(23쇄 발행)
개정판 1쇄 펴낸날 2026년   1월   3일

편역자 우룡큰스님 · 김현준
펴낸이 김연수

펴낸곳 새벽숲
등록일 2009년 12월 28일 (제321-2009-000242호)
주 소 서울특별시 서초구 반포대로14길 30, 906호 (서초동, 센츄리I)
전 화 02-582-6612, 587-6612
팩 스 02-586-9078
이메일 hyorim@nate.com

값 5,000원

ⓒ 새벽숲 2026
ISBN 979-11-87459-14-9 03220

차   례

· 금강경 사경과 영험

　사경은 기도와 수행의 한 방법이며, 우리의 삶을 밝은 쪽으로 바른쪽으로 행복한 쪽으로 나아가게 하는 거룩한 불사입니다. 금강경을 써보십시오. 마음공부 하는 불자들이 믿고 의지하는 금강경을 눈으로 보고 입으로 외우고 손으로 쓰고 마음에 새기는 사경기도를 하면 참으로 무량한 공덕이 생겨납니다.

　더욱이 금강경은 상相을 비우고 마음을 비워, 무량한 복덕을 갖춘 원래의 자리로 돌아가게 만드는 대승경전이기 때문에, 이 경전을 사경하고 독경하여 그 뜻을 나의 것으로 만들면 한량없는 가피가 저절로 찾아들어, 업장 참회는 물론이요 쉽게 소원성취를 할 수 있습니다.

　특히 다음과 같은 원의 성취를 바란다면 금강경 사경을 해 보십시오.

· 쾌락하고 청량한 삶을 이루고자 할 때

· 평화로움과 복되고 안정된 삶을 원할 때

· 불법 속에서 흔들림 없는 믿음을 얻고 크게 향상하고자 할 때

· 세세생생 훌륭한 선지식을 만나 불법을 잘 배우고자 할 때

· 부처님의 법문을 통달하고 참다운 법공양을 하고자 할 때

· 불보살님의 가피 속에서 업장을 녹이고 소원들을 이루고자 할 때

· 각종 시험의 합격과 높은 자리로 승진되기를 바랄 때

· 가정의 평화를 이루고 자리이타의 삶을 원할 때

· 부모 및 친척 영가의 극락왕생을 기원할 때

　이 밖에도 금강경 사경의 영험은 이루 다 말할 수 없습니다.

· 금강경 사경의 순서

1. 경문을 쓰기 전에

① 먼저 3배를 올린 다음 금강경 사경집을 펼치고 기본적인 축원부터 세 번씩 합니다.

"시방세계에 충만하신 불보살님이시여, 세세생생 지은 죄업 모두 참회합니다.
이제 금강경을 사경하는 공덕을 선망조상과 일체중생의 행복을 위해 바칩니다.
아울러 저와 저희 가족 모두가 늘 건강하옵고, 하는 일들이 다 순탄하여지이다." (3번)

② 이렇게 기본적인 축원을 세 번 한 다음, 꼭 성취되기를 바라는 심중의 소원이 있으면 함께 세 번씩 축원하십시오. 이 경우, 간결하면서도 구체적인 소원들을 문장으로 만들어 10페이지의 '금강경 사경기도 발원문'난에 써놓고, 사경하기 전과 사경을 마친 다음 축원을 하면 좋습니다. 이때의 축원은 어떠한 것이라도 좋습니다. 꼭 이루어졌으면 하는 소원들을 불보살님께 솔직하게 바치면 됩니다.

③ 축원을 한 다음 개경게와 「개법장진언」 '옴 아라남 아라다'를 세 번 염송하고, 이어 '나무금강반야바라밀경'을 세 번 외우고 사경을 시작하면 됩니다.

2. 경문을 쓸 때

① 금강경 본문을 사경할 때는 원래 부처님께서 설하신 경문만을 쓰고, 진한 글씨로 쓴 부분, 즉 분류의 편의를 위해 표기한 32분分의 소제목(예:법회인유분 제일, 선현기청분 제이 등)과 한글 위에 표기한 한자는 쓰지 않습니다.

② 사경을 할 때 바탕 글씨와 똑같은 글자체로 쓰려고 애를 쓰는 분이 있는데, 꼭 그렇게 쓸 필요는 없습니다. 바탕 글씨를 크게 벗어나지 않는 범위 내에서 자기 필체로 쓰면 됩니다.

③ 사경을 하다가 특별히 마음에 와닿는 구절이 있거나 새기고 싶은 내용이 있으면 다시 한 번 읽으면서 사색에 잠기는 것도 좋습니다. 이렇게 사경을 하게 되면 금강경의 내용이 보다 빨리 ‘나’의 것이 되고 신심이 샘 솟아, 무량공덕이 저절로 쌓이게 됩니다.

④ 그날 해야 할 사경을 마쳤으면 다시 스스로가 만든 ‘금강경 사경기도 발원문’을 읽고 3배를 드린 다음 끝을 맺습니다.

· 사경 기간 및 횟수

① 이 사경집은 금강경을 두 번 쓸 수 있도록 엮었습니다. 만약 아주 간략한 소원이라면 열 번 이내의 사경으로 족하겠지만, 20번 이상의 사경을 기본 단위로 삼고 있습니다. 그리고 지중한 원이 있을 때는 1백 번 또는 108번을 사경하는 것도 좋습니다.

그리고 즐겨 권하고 싶은 횟수는 이 사경집 10책 분량인 20번입니다.

② 인쇄된 글씨 위에 억지로 덧입히며 쓰지 않고 자기 필체로 쓰게 되면
   한 페이지에 보통 5분~7분 정도 걸리며, 하루 만에 금강경 한 권을 다
   쓰려면 4~5시간이 소요됩니다.
   만약 기도할 시간이 넉넉하지 않아 한 시간 정도에서 끝마치고자 한
   다면 5일로 나누어서 사경을 하되,
   첫날은 제1분~제7분, 둘째 날은 제8분~제13분,
   셋째 날은 제14분~제16분, 넷째 날은 제17분~제21분,
   다섯째 날은 제22분~제32분까지 나누어서 쓰는 것도 한 방법입니다.
   이 경우 사경기도는 1시간이면 충분하며, 이렇게 금강경을 20번 쓰면
   총 1백 일이 걸립니다.

③ 매일 쓰다가 부득이한 일이 발생하여 못 쓰게 될 경우가 있습니다. 그
   때는 꼭 부처님께 못 쓰게 된 사정을 고하여 마음속으로 '다음 날 또는
   사경 기간을 하루 더 연장하여 반드시 쓰겠다'고 약속하면 됩니다.

※ 사경을 할 때는 1B 또는 2B 정도의 진한 연필(샤프)이나 볼펜 또는 가는
   수성펜 등으로 쓰는 것이 좋습니다.

   깊은 믿음으로 환희심을 품고 금강경 사경을 하면 대우주 법계에 가득
한 부처님의 가피를 입어, 소원을 원만하게 성취함은 물론이요 크나큰 향
상과 깨달음이 함께 한다고 하였습니다. 여법히 잘 사경하시기를 두 손
모아 축원드립니다. 나무금강반야바라밀경.

금강경 사경기도 발원문

개경게 開經偈

가장높고 심히깊은 부처님법문	무상심심미묘법 無上甚深微妙法
백천만겁 지나간들 어찌만나리	백천만겁난조우 百千萬劫難遭遇
저희이제 보고듣고 받아지녀서	아금문견득수지 我今聞見得受持
부처님의 진실한뜻 깨치오리다	원해여래진실의 願解如來眞實意

개법장진언 開法藏眞言

옴 아라남 아라다 (3번)

나무금강반야바라밀경 (3번)

금강반야바라밀경

법회인유분法會因由分 제일

이와 같이 나는 들었다.

어느 때 부처님께서는 사위국(舍衛國)의 기수급(祇樹給)고독원(孤獨園)에서 천이백오십 인의 큰비구 제자들과 함께 계시었다.

이날도 세존께서는 공양시간이 되자 가사를 입으신 뒤 바루를 들고 사위성으로 나아가, 한 집 한 집 차례대로 밥을 빌어 마치시고 본처(本處)로 돌아와 공양을 하시었다. 그리고 가사와 바루를 제자리에 정돈해 놓으시고 발을 씻은 다음 자리를 펴고 앉으셨다.

그때 장로 수보리가 대중과 함께 있다가 자리에서 일어나, 오른쪽 어깨를 드러내고 오른쪽 무릎을 꿇고 합장하여 부처님께 아뢰었다.

"희유하옵니다, 세존이시여. 여래께서는 언제나 보살들을 잘 보살펴 주시고 보살들에게 잘 당부를 하십니다.

세존이시여, 선남자선여인들이 아뇩다라삼먁삼보리심(阿耨多羅三藐三菩提心)을 발한 다음, 마땅히 어떻게 그 마음을 유지하여야 하며, 어떻게 그 마음을 항복받아야 하나이까?"

부처님께서 이르셨다.

"착하고 착하구나, 수보리야. 네 말과 같이 여래는 보살들을 잘 보살펴주고, 보살들에게 잘 당부를 하느니라. 너희는 이제

자세히 들으라. 마땅히 너희를 위해 설해 주리라.

선남자선여인이 아뇩다라삼먁삼보리심을 낸 다음에는 마땅히 이와 같이 그 마음을 유지하고, 이와 같이 그 마음을 항복받아야 하느니라."

"예, 세존이시여. 원컨대 기쁜 마음으로 듣고자 하옵니다."

대승정종분大乘正宗分 제삼

부처님께서 수보리에게 이르셨다.

"모든 보살마하살들은 마땅히 이와 같이 그 마음을 항복받아야 하나니, 이른바 온갖 중생들, 곧 난생·태생·습생·화생의 중생과, 형태가 있는 중생·형태가 없는 중생·생각이 있는 중생·생각이 없는 중생·

생각이 있는 것도 아니요 생각이 없는 것도
아닌 중생, 모두를 나는 무여열반^{無餘涅槃}(완전한 열반)에
들게 하여 제도하느니라.

　이와 같이 한량없고 수도 없고 끝이 없는
중생을 제도하지만, 실로 제도를 받은 중
생은 없느니라. 왜냐하면 수보리야, 만약
보살에게 아상·인상·중생상·수자상이
있으면 곧 보살이 아니기 때문이니라."

묘행무주분妙行無住分 제사

　"또 수보리야, 보살은 마땅히 그 어디에
도 머무는 바 없이 보시를 해야 하나니, 색
에 머물지 않고 보시를 해야 하며, 소리나
냄새나 맛이나 감촉이나 법에 머물지 않고
보시를 해야 하느니라.

　수보리야, 보살은 마땅히 이와 같이 보

시하여 상에 머물지 않아야 하느니라. 왜냐하면 보살이 상에 집착하지 않고 보시를 하면, 그 복덕이 가히 헤아릴 수 없을 만큼 크기 때문이니라.

수보리야, 네 생각은 어떠하냐? 동쪽 허공의 크기를 가히 헤아릴 수 있겠느냐?"

"헤아릴 수 없나이다, 세존이시여."

"수보리야, 남쪽·서쪽·북쪽의 허공과 동남·서남·동북·서북쪽과 위·아래 허공의 크기를 가히 헤아릴 수 있겠느냐?"

"헤아릴 수 없나이다, 세존이시여."

"수보리야, 보살이 상에 집착함이 없이 베푸는 무주상보시의 복덕 또한 이와 같아서, 가히 헤아릴 수 없느니라. 그러므로 수보리야, 보살은 마땅히 지금 내가 가르쳐 준 대로 마음을 유지하여야 하느니라."

"수보리야, 네 생각은 어떠하냐? 가히 신상(相)(몸의 겉모습)(身)으로써 여래를 볼 수 있겠느냐?"

"아니옵니다, 세존이시여. 신상으로는 여래를 볼 수 없나이다. 왜냐하면 여래께서 설하시는 신상은 곧 신상이 아니기 때문입니다."

부처님께서 수보리에게 이르셨다.

무릇 있는 바 상은
다 허망된 것이니
만약 모든 상이 상 아님을 보면
곧 여래를 보게 되느니라

범소유상　개시허망　약견제상비상　즉견여래
凡所有相　皆是虛妄　若見諸相非相　卽見如來

수보리가 부처님께 아뢰었다.

"세존이시여, 자못 어떤 중생이 이와 같은 말씀이나 글귀를 보고 진실한 믿음을 낼 수 있겠나이까?"

부처님께서 수보리에게 이르셨다.

"그러한 말을 하지 말라. 여래가 열반에 든 뒤의 후오백세(後五百歲)에도, 계를 지키고 복을 닦는 이는 이 가르침에 대해 능히 신심을 내고 이를 진실로 삼으리니, 마땅히 알아라. 이 사람은 한 부처님이나 두 부처님, 셋·넷·다섯 부처님께만 선근을 심은 것이 아니라, 이미 한량이 없는 천만 부처님께 온갖 선근을 심었으므로, 이 가르침을 듣고 한 생각에 깨끗한 믿음을 내느니라.

수보리야, 여래는 이러한 중생들이 한량

없는 복덕을 얻음을 다 알고 다 보시느니라.

왜냐하면 이 중생들에게 다시는 아상·인상·중생상·수자상이 없으며, 법상(法相)(법이라는 생각)도 없고, 비법상(非法相)(법이 아니라는 생각)도 없기 때문이니라.

왜냐하면 이 중생들이 마음에 어떤 상을 취하게 되면 아상·인상·중생상·수자상에 집착함이 되기 때문이니, 만약 법상을 취하여도 아상·인상·중생상·수자상에 집착함이요, 비법상을 취하여도 아상·인상·중생상·수자상에 집착함이 되느니라.

그러므로 마땅히 법도 취하지 말고 비법도 취하지 말지니라.

이러한 까닭에 여래는 항상 '비구들이여, 너희는 내가 설한 법을 뗏목처럼 여겨야 한다'고 말한 것이다. 이렇게 법도 오히려 놓아버려야 하거늘, 하물며 법 아닌 것이랴."

무득무설분無得無說分 제칠

"수보리야, 네 생각은 어떠하냐? 여래가 '아뇩다라삼먁삼보리를 얻었다'고 생각하느냐? 여래가 '설한 바 법이 있다'고 생각하느냐?"

수보리가 아뢰었다.

"제가 부처님께서 설하신 바의 뜻을 알기로는, 아뇩다라삼먁삼보리라고 이름할 만한 정해진 법이 없으며, 여래께서 설하시는 정해진 법 또한 없나이다. 왜냐하면 여래께서 설하시는 법은 가히 다 취할 수도 없고 가히 다 말할 수도 없으며, 법도 아니요 비법도 아니기 때문입니다.

그 까닭은 모든 현성이 다 무위법(無爲法)으로써 차별을 삼기 때문입니다."

의법출생분依法出生分 제팔

"수보리야, 네 생각은 어떠하냐? 어떤 사람이 일곱 가지 보배로써 삼천대천세계三千大千世界에 가득 찰 만큼의 보시를 하였다면, 이 사람의 얻는 바 복덕은 얼마나 많겠느냐?"

수보리가 아뢰었다.

"매우 많겠나이다, 세존이시여. 왜냐하면 이 복덕은 곧 복덕성福德性이 아니기 때문에, 여래께서는 복덕이 많다고 설하시옵니다."

"만약 어떤 사람이 이 경 가운데의 사구게四句偈 등을 받아지녀서 남을 위하여 설해 준다면, 그 복덕은 앞에서 말한 복덕보다 훨씬 더 뛰어나니라. 왜냐하면 수보리야, 모든 부처님과 모든 부처님의 아뇩다라삼먁삼보리법이 모두 이 경전에서 나온 때문이니, 수보리야, 이른바 불법佛法이라 하는 것은 곧 불법이 아니니라."

일상무상분 一相無相分 제구

"수보리야, 네 생각은 어떠하냐? 수다원須陀洹이 스스로 생각하기를, '나는 수다원과를 얻었노라'고 하겠느냐?"

수보리가 아뢰었다.

"아니옵니다, 세존이시여. 왜냐하면 수다원을 이름하여 입류入流라고 하지만 들어간 바가 없으니, 색성향미촉법에 들어가지 않으므로 수다원이라 이름하옵니다."

"수보리야, 네 생각은 어떠하냐? 사다함斯陀含이 스스로 생각하기를, '나는 사다함과를 얻었노라'고 하겠느냐?"

수보리가 아뢰었다.

"아니옵니다, 세존이시여. 왜냐하면 사다

함을 이름하여 일왕래라 하지만, 실로 가
고 옴이 없으므로 사다함이라 이름하옵니
다."

"수보리야, 네 생각은 어떠하냐? 아나함
이 스스로 생각하기를, '나는 아나함과를
얻었노라'고 하겠느냐?"

수보리가 아뢰었다.

"아니옵니다, 세존이시여. 왜냐하면 아나
함을 이름하여 불래라고 하지만, 실로 오
지 않음이 없으므로 아나함이라 이름하옵
니다."

"수보리야, 네 생각은 어떠하냐? 아라한
이 스스로 생각하기를, '나는 아라한도를
얻었노라'고 하겠느냐?"

수보리가 아뢰었다.

"아니옵니다, 세존이시여. 왜냐하면 실로

아라한이라 이름할 법이 없기 때문입니다.
세존이시여, 만약 아라한이 스스로 생각하
기를, '나는 아라한도를 얻었노라'고 하면,
그것은 곧 아상·인상·중생상·수자상에
집착함입니다.

세존이시여, 부처님께서는 저를 '무쟁삼
매를 얻은 사람들 중에 최고요 욕심을 떠
난 제일의 아라한'이라고 하시지만, 제 스
스로는 '내가 욕심을 떠난 아라한'이라는
생각을 하지 않나이다.

세존이시여, 제가 만약 '나는 아라한도를
얻었다'고 생각한다면, 세존께서 '수보리는
아란나행을 즐기는 이'라고 말씀하지 않을
것이나, 수보리가 실로 행하는 바가 없기
때문에 '수보리는 아란나행을 즐기는 이'라
고 말씀하시나이다."

부처님께서 수보리에게 이르셨다.

"네 생각은 어떠하냐? 그 옛날에 여래가 연등불燃燈佛의 처소에서 법을 얻은 바가 있다고 생각하느냐?"

"아니옵니다, 세존이시여. 여래께서는 연등불의 처소에서 법을 실로 얻은 바가 없나이다."

"수보리야, 네 생각은 어떠하냐? 보살이 불국토를 장엄하느냐?"

"아니옵니다, 세존이시여. 왜냐하면 불국토를 장엄하는 것은 곧 장엄이 아니라 그 이름이 장엄이기 때문입니다."

"그런 까닭에 수보리야, 모든 보살마하살은 마땅히 이와 같이 청정한 마음을 내어야 하나니, 마땅히 색에 머물러 마음을 내지 말 것이요 소리와 냄새와 맛과 감촉과 법에 머물러 마음을 내지 말 것이며, 마땅히 머무는 바 없이 그 마음을 내어야 하느니라〔應無所住 而生其心〕.

수보리야, 비유하건대 어떤 사람의 몸이 수미산(須彌山)만하다면, 네 생각은 어떠하냐? 그 몸이 크다고 하겠느냐?"

수보리가 아뢰었다.

"매우 크겠나이다, 세존이시여. 왜냐하면 부처님께서는 몸 아닌 것을 이름하여 큰 몸이라 설하셨기 때문입니다."

무위복승분(無爲福勝分) 제십일

"수보리야, 항하(恒河)에 있는 모래알 수만큼이나 많은 항하가 또 있다고 한다면, 네 생각은 어떠하냐? 이 모든 항하의 모래는 얼마나 많겠느냐?"

수보리가 아뢰었다.

"매우 많나이다, 세존이시여. 모든 항하의 수만 하여도 오히려 헤아릴 수 없이 많을 것인데, 하물며 그 모래알의 수이겠나이까?"

"수보리야, 내 이제 진실한 말로 그대에게 이르노라. 만약 선남자선여인이 칠보로써 저 항하의 모래알 수만큼이나 많은 삼천대천세계에 가득 차도록 보시를 한다면, 그가 얻을 복은 얼마나 많겠느냐?"

수보리가 아뢰었다.

"매우 많나이다, 세존이시여."

부처님께서 수보리에게 이르셨다.

"만약 선남자선여인이 이 경 가운데의 사구게 등을 받아지니고 다른 사람을 위해

설한다면, 이 복덕은 앞서 말한 보시의 복
덕보다 더 수승하니라."

존중정교분尊重正教分 제십이

"또 수보리야, 이 경을 따라 사구게 등을
설한다면 마땅히 알지어다. 이곳을 일체 세
간의 천인·인간·아수라 등이 부처님의 탑
과 절에 하듯이 공양하느니라. 하물며 어떤
사람이 이 경 모두를 수지하고 독송함에
있어서랴.

수보리야, 마땅히 알지어다. 이 사람은
가장 높고 제일가고 희유한 법을 성취하게
되나니, 이 경전이 있는 곳에는 곧 부처님
과 존중받는 제자들이 함께 있음이니라."

그때 수보리가 부처님께 아뢰었다.

"세존이시여, 이 경의 이름을 무엇이라 하며, 저희들이 어떻게 받들어 지니오리까?"

부처님께서 수보리에게 이르셨다.

"이 경의 이름은 금강반야바라밀金剛般若波羅蜜이니, 이 이름으로 너희는 마땅히 받들어 지닐지어다.

무슨 까닭인가? 수보리야, 부처가 설하는 반야바라밀은 곧 반야바라밀이 아니라 그 이름이 반야바라밀이기 때문이니라.

수보리야, 네 생각은 어떠하냐? 여래가 설한 바 법이 있느냐?"

수보리가 부처님께 아뢰었다.

"세존이시여, 여래께서는 설한 바가 없나이다."

"수보리야, 네 생각은 어떠하냐? 삼천대천세계에는 티끌이 얼마나 많겠느냐?"

수보리가 아뢰었다.

"매우 많나이다. 세존이시여."

"수보리야, 여래는 티끌들이 티끌이 아니라 그 이름이 티끌이라고 설하고, 여래는 세계를 세계가 아니라 그 이름이 세계라고 설하느니라.

수보리야, 네 생각은 어떠하냐? 가히 삼십이상(三十二相)으로 여래를 볼 수 있겠느냐?"

"아니옵니다, 세존이시여. 삼십이상으로는 여래를 보지 못하옵니다. 왜냐하면 여래께서 설하신 삼십이상은 곧 삼십이상이 아니라, 그 이름이 삼십이상이기 때문입니다."

"수보리야, 어떤 선남자선여인이 항하의 모래알 수만큼이나 많은 몸과 목숨을 바쳐서 보시를 하는 복보다, 어떤 사람이 이 경 가운데의 사구게 등을 수지하여 남을 위해 설하여 주는 복이 훨씬 더 뛰어나니라."

이상적멸분離相寂滅分 제십사

그때 수보리가 이 경을 설하시는 것을 듣고 깊이 그 뜻을 깨달아 눈물을 흘리며 부처님께 아뢰었다.

"희유하옵니다, 세존이시여. 부처님께서 이와 같이 심히 깊은 경전을 설하심은, 제가 혜안慧眼을 얻은 이후 한 번도 듣지 못하였나이다.

세존이시여, 만약 어떤 사람이 이 경을 듣고 신심이 청정해지면 곧 실상實相을 깨달으리니, 마땅히 이 사람이 제일 희유한 공덕을 성취하는 줄로 알겠나이다.

　세존이시여, 이 실상은 곧 상이 아니오
니, 그러한 까닭으로 여래께서는 실상이라
고 설하셨나이다.

　세존이시여, 저는 이제 이 경전을 얻어 듣
고 믿고 받아지니는 것이 그다지 어렵지 않
사오나, 앞으로 다가올 후오백세 뒤의 중
생들이 이 경전을 듣고서 믿고 이해하고 수
지한다면, 이 사람이야말로 가장 희유한
사람이 될 것이옵니다. 왜냐하면 이 사람은
아상도 없고 인상·중생상·수자상도 없기
때문입니다.

　그 까닭은 아상이 곧 상이 아니요, 인상·
중생상·수자상도 곧 상이 아니기 때문입
니다. 왜냐하면 일체의 모든 상을 떠난 것
을 이름하여 제불(諸佛)이라 하기 때문입니다.”

　부처님께서 수보리에게 이르셨다.

"그러하고 그러하다. 만약 어떤 사람이 이 경을 듣고 놀라지 않고 겁내지 않고 두려워하지 않는다면, 마땅히 알라. 그는 매우 희유한 사람이니라. 왜냐하면 수보리야, 여래가 설하는 제일바라밀은 곧 제일바라밀이 아니라, 그 이름이 제일바라밀이기 때문이니라.

수보리야, 인욕바라밀도 여래는 인욕바라밀이 아니라고 설하나니, 그 이름이 인욕바라밀이니라.

왜냐하면 수보리야, 옛날 가리왕이 나의 몸을 베고 끊었을 때 나는 아상도 없었고 인상이 없었으며, 중생상도 없었고 수자상도 없었느니라. 내가 마디마디 사지를 끊길 그때, 아상이나 인상·중생상·수자상이 있었더라면, 마땅히 원망하는 마음을 내었을 것이니라.

수보리야, 또 생각하니, 과거 오백세 동안 인욕선인이 되었던 그때에도 아상·인상·중생상·수자상이 없었느니라.

그러므로 수보리야, 보살은 마땅히 일체의 상을 떠나서 아뇩다라삼먁삼보리심을 발하여야 하나니, 마땅히 색에 머물러 마음을 내지 말고, 마땅히 소리와 냄새와 맛과 감촉과 법에 머물러 마음을 내지 말지니, 마땅히 머무르는 바 없이 마음을 내어야 하느니라.

만약 마음에 머무르는 바가 있으면 곧바로 그 머무름을 지울지니, 그러므로 부처님은 '보살은 마땅히 색에 머무르지 않는 보시를 해야 한다'고 설하느니라.

수보리야, 보살은 일체 중생을 이익되게

하기 위해 마땅히 이와 같이 보시를 해야
하나니, 그래서 여래는 일체의 상들이 곧
상이 아니라 설하고, 일체의 중생이 곧 중
생이 아니라고 설하느니라.

수보리야, 여래는 참다운 말을 하는 이
요, 실다운 말을 하는 이요, 한결같은 말을
하는 이요, 속임수 없는 말을 하는 이요, 사
실과 다르지 않은 말을 하는 이이니라.

수보리야, 여래가 얻은 이 법은 실(實)도 없
고 허(虛)도 없느니라.

수보리야, 만약에 보살이 그 무엇에 집착
하는 마음으로 보시를 하게 되면, 그는 마
치 어둠 속으로 들어가서 아무것도 보지
못하는 사람처럼 되느니라.

그러나 보살이 그 무엇에 집착하지 않는
마음으로 보시를 하게 되면, 그는 마치 눈

밝은 사람이 밝은 햇빛 아래에서 가지가지의 색을 분명히 보는 것과 같으니라.
수보리야, 장차 오는 세상의 선남자선여인이 능히 이 경을 받아지니고 읽고 외우면, 여래는 곧 부처의 지혜로써 이 사람을 다 알고 다 보아서, 그로 하여금 한량없고 가없는 공덕을 성취하게 하느니라."

지경공덕분持經功德分 제십오

"수보리야, 만약 어떤 선남자선여인이 아침에 항하의 모래 수와 같은 몸으로 보시를 하고, 낮에 다시 항하의 모래 수와 같은 몸으로 보시를 하고, 저녁에 또한 항하의 모래 수와 같은 몸으로 보시를 하되 한량없는 백천만억겁 동안 몸으로 보시를 할지라도, 어떤 사람이 이 경전을 듣고 마음으로 믿어서 거역하지 않으면, 그 복덕이 저 몸을 보시한 복덕보다 수승하니라. 하물며 사경을 하거나, 수지하고 독송하거나, 남을 위해 해설을 해주는 공덕이라.

수보리야, 요점만 말하건대, 이 경은 불가사의하고 가히 측량할 수 없고 끝이 없는 공덕을 지니고 있나니, 여래는 대승의 마음을 발한 이를 위해 이 경을 설하고, 최상승의 마음을 발한 이를 위해 이 경을 설하느니라.

만약 어떤 사람이 능히 이 경을 수지하고 독송하고 널리 남을 위해 설하여 주면 여래는 이 사람을 다 알고 다 보나니, 이 사람은 가히 헤아릴 수 없고 측량할 수 없고 끝이 없는 불가사의 공덕을 모두 얻어서 성취하게 되며, 이 사람은 곧바로 여래의 아뇩다라삼먁삼보리를 짊어지고 나아가느니라.

왜냐하면 수보리야, 작은 법을 좋아하는 사람은 아견과 인견과 중생견과 수자견에 집착하기 때문에, 이 경을 듣고 받아들이거나, 독송을 하거나, 남을 위해 해설을 해주지 못하느니라.

수보리야, 어느 곳이든지 이 경이 있으면 마땅히 일체 세간의 천인과 인간과 아수라가 공양을 하느니라.

마땅히 알아라. 이 경이 있는 곳은 곧 탑이 되나니, 모두가 공경하여 예배를 드리고 주위를 돌면서 갖가지 꽃과 향을 뿌리느니라."

능정업장분能淨業障分 제십육

"또 수보리야, 선남자선여인이 이 경을

수지하고 독송하면서도 남에게 업신여김을 당한다면, 이 사람은 전생의 죄업으로 마땅히 악도^{惡道}에 떨어질 것이로되, 금생에 업신여김을 받는 까닭으로 전생의 죄업이 곧 소멸되어 마땅히 아뇩다라삼먁삼보리를 얻게 되느니라.

수보리야, 내가 과거의 헤아릴 수 없는 아승지겁을 생각해보니, 연등불을 뵙기 전에 팔백사천만억 나유타 수의 부처님들을 만나 그 부처님 모두를 공양하고 받들고 섬기면서 헛되이 지냄이 없었느니라.

그런데 어떤 사람이 앞으로 오는 말세에 능히 이 경을 받아지니고 독송을 하면, 내가 모든 부처님께 공양한 공덕으로는 그 공덕의 백분의 일에도 미치지 못하며, 천만억분의 일 내지 숫자의 비유로는 도저히 미치지 못하느니라.

수보리야, 만약 선남자선여인이 앞으로 오는 말세에 이 경을 받아지니고 독송함으로써 얻게 되는 공덕을 다 갖추어 말한다면, 혹 어떤 사람은 듣고 마음이 산란하여져서 여우처럼 의심하고 믿지 않을 것이니라.

수보리야, 마땅히 알아라. 이 경은 뜻도 불가사의하며 그 과보 또한 불가사의하니라."

구경무아분究竟無我分 제십칠

그때 수보리가 부처님께 아뢰었다.

"세존이시여, 선남자선여인들이 아뇩다라삼먁삼보리심을 발한 다음, 마땅히 어떻게 그 마음을 유지하여야 하며 어떻게 그 마음을 항복받아야 하나이까?"

부처님께서 수보리에게 이르셨다.

"만약 선남자선여인이 아뇩다라삼먁삼보리심을 발하였으면 마땅히 이와 같이 마음을 내어야 하느니라. 곧 '나는 마땅히 일체 중생을 제도하되, 일체 중생을 제도하고 나서는 실로 한 중생도 제도함이 없다' 하리니, 왜냐하면 보살에게 아상·인상·중생상·수자상이 있으면 곧 보살이 아니기 때문이니라.

무슨 까닭인가? 수보리야, 실로 법에는 아뇩다라삼먁삼보리심을 발하였다고 하는 것이 없기 때문이니라.

수보리야, 네 생각은 어떠하냐? 여래가 연등불의 처소에서 아뇩다라삼먁삼보리라고 하는 법을 얻었느냐?"

"아니옵니다, 세존이시여. 제가 부처님께

서 말씀하시는 뜻을 이해하건대, 부처님께서는 연등불의 처소에서 아뇩다라삼먁삼보리라고 하는 법을 얻은 바가 없나이다.”

부처님께서 이르셨다.

“그러하고 그러하다, 수보리야. 실로 여래는 아뇩다라삼먁삼보리라고 하는 법을 얻은 바가 없느니라.

수보리야, 만약 내가 아뇩다라삼먁삼보리라고 하는 법을 얻은 바가 있다면 연등불께서는 나에게, ‘너는 내세에 마땅히 부처를 이루어 호를 석가모니라 하리라’는 수기를 주시지 않았을 것이나, 실로 아뇩다라삼먁삼보리의 법을 얻은 바가 없기 때문에 연등불께서는 나에게, ‘너는 내세에 마땅히 부처를 이루어 호를 석가모니라 하리라’는 수기를 주신 것이니라. 왜냐하면 여

래는 곧 '모든 법 그대로'라는 뜻이기 때문
이니라.

만약 어떤 사람이 '여래가 아뇩다라삼먁
삼보리를 얻었다'고 하면, 수보리야, 실로
부처님은 아뇩다라삼먁삼보리라고 하는
법을 얻은 바가 없느니라.

수보리야, 여래가 얻은 바 아뇩다라삼먁
삼보리 가운데에는 실(實)도 없고 허(虛)도 없나니,
이러한 까닭으로 여래는 '일체법이 다 불법(佛法)
이다'고 설하느니라.

수보리야, 말한 바 일체법은 곧 일체법이
아니니라. 그러므로 그 이름을 일체법이라
고 하나니, 수보리야, 비유하자면 어떤 사
람의 몸을 장대하다고 하는 것과 같으니
라."

수보리가 아뢰었다.

"세존이시여, 여래께서 말씀하시는 장대한 몸은 곧 장대한 몸이 아니라 그 이름이 장대한 몸이옵니다."

"수보리야, 보살 또한 이와 같아서, 만약 '내가 한량없는 중생을 제도하리라' 하면, 곧 보살이라고 이름할 수 없느니라. 왜냐하면 수보리야, 실로 보살이라고 이름할 수 있는 법이 없기 때문이니, 그러므로 부처님은 일체법이 무아상(無我相)이요 무인상(無人相)이요 무중생상(無衆生相)이요 무수자상(無壽者相)이라고 설하느니라.

수보리야, 만약 보살이 '내가 마땅히 불국토를 장엄한다'고 하면 그를 보살이라고 이름하지 않나니, 왜냐하면 여래가 설하는 '불국토의 장엄'은 곧 장엄이 아니라 그 이름이 장엄이기 때문이니라.

수보리야, 만약 보살이 무아법(無我法)을 통달하

게 되면 여래는 그를 '참다운 보살'이라고
이름하느니라."

일체동관분 一體同觀分 제십팔

"수보리야, 네 생각은 어떠하냐? 여래에
게 육안(肉眼)이 있느냐?"

"그러하옵니다, 세존이시여. 여래는 육안
이 있사옵니다."

"수보리야, 네 생각은 어떠하냐? 여래에
게 천안(天眼)이 있느냐?"

"그러하옵니다, 세존이시여. 여래는 천안
이 있사옵니다."

"수보리야, 네 생각은 어떠하냐? 여래에
게 혜안(慧眼)이 있느냐?"

"그러하옵니다, 세존이시여. 여래는 혜안
이 있사옵니다."

"수보리야, 네 생각은 어떠하냐? 여래에게 법안이 있느냐?"

"그러하옵니다, 세존이시여. 여래는 법안이 있사옵니다."

"수보리야, 네 생각은 어떠하냐? 여래에게 불안이 있느냐?"

"그러하옵니다, 세존이시여. 여래는 불안이 있사옵니다."

"수보리야, 네 생각은 어떠하냐? 저 항하 가운데 있는 모래를 여래가 모래라고 설한 적이 있느냐?"

"그러하옵니다, 세존이시여. 여래는 모래라고 설하신 적이 있사옵니다."

"수보리야, 네 생각은 어떠하냐? 저 항하의 모래알 수만큼 많은 항하가 있고, 또 그 많은 항하에 있는 모래알 수만큼이나 많은 부처님의 세계가 있다고 하면 그 세계가 얼마나 많겠느냐?"

"매우 많겠나이다, 세존이시여."

부처님께서 수보리에게 이르셨다.

"그토록 많은 국토에서 살고 있는 중생들의 갖가지 마음을 여래는 다 알고 있느니라. 왜냐하면 여래가 설한 마음들은 다 마음이 아니라 그 이름이 마음이기 때문이니라.

무슨 까닭인가? 수보리야,

과거심도 얻을 수 없고

현재심도 얻을 수 없으며

미래심도 얻을 수 없기 때문이니라."

법계통화분法界通化分 제십구

"수보리야, 네 생각은 어떠하냐? 어떤 사람이 칠보로써 삼천대천세계에 가득 찰 만큼의 보시를 하였다면, 이 사람은 이 인연으로 얻을 복이 많겠느냐?"

"그러하옵니다, 세존이시여. 이 사람은 이 인연으로 얻을 복이 매우 많겠나이다."

"수보리야, 만약 복덕이 실로 있는 것이라면 얻을 복덕이 많다고 여래는 설하지 않았을 것이나, 복덕이 본래 없는 까닭에 얻을 복덕이 많다고 여래는 설하느니라."

이색이상분離色離相分 제이십

"수보리야, 네 생각은 어떠하냐? 여래를 가히 구족색신具足色身(잘 갖추어진 몸의 모습)을 통하여 볼 수 있느냐?"

"아니옵니다, 세존이시여. 구족색신으로는 마땅히 여래를 볼 수 없사옵니다. 왜냐하면 여래께서 설하신 구족색신은 곧 구족

색신이 아니라 그 이름이 구족색신이기 때
문입니다."

"수보리야, 네 생각은 어떠하냐? 여래를
가히 제상구족^{諸相具足}(여러 가지 거룩한 상호를 갖춘 겉모습)을 통하여 볼 수
있느냐?"

"아니옵니다, 세존이시여. 제상의 구족을
통해서는 마땅히 여래를 볼 수 없사옵니
다. 왜냐하면 여래께서 설하신 제상구족은
제상구족이 아니라 그 이름이 제상구족이
기 때문입니다."

비설소설분非說所說分 제이십일

"수보리야, 너희는 여래가 '나는 마땅히
설한 바 법이 있다'는 생각을 하시리라고
생각하지 말라. 왜냐하면 만약 어떤 사람
이 '여래께서 설한 바 법이 있다'고 한다면

곧 부처님을 비방하는 것이니, 내가 설한 바를 잘 이해하지 못한 때문이니라.

수보리야, 법을 설한다고 하나 가히 설할 만한 법이 없나니, 그 이름이 설법이니라."

그때 혜명 수보리가 부처님께 아뢰었다.

"세존이시여, 미래 세상에서 자못 어떤 중생이 이 법을 설하시는 것을 듣고 신심을 내겠나이까?"

부처님께서 이르셨다.

"수보리야, 저들은 중생도 아니요 중생이 아님도 아니니라. 왜냐하면 수보리야, 여래는 '중생·중생'에 대해, 중생이 아니라 그 이름이 중생이라고 설하느니라."

무법가득분無法可得分 제이십이

수보리가 부처님께 아뢰었다.

"세존이시여, 부처님께서 아뇩다라삼먁
삼보리를 얻으신 것도 얻은 바가 없음이
되옵니까?"

부처님께서 이르셨다.

"그러하고 그러하다, 수보리야. 나는 아
뇩다라삼먁삼보리에 있어 어떠한 조그마
한 법도 가히 얻은 것이 없으므로, 이를 아
뇩다라삼먁삼보리라 이름하느니라."

정심행선분淨心行善分 제이십삼

"또 수보리야, 이 법은 평등하여 높고 낮
음이 없으므로 이를 아뇩다라삼먁삼보리
라 이름하나니, 아상도 없고 인상도 없고
중생상도 없고 수자상도 없이 일체의 선법(善法)
을 닦으면 곧 아뇩다라삼먁삼보리를 얻게
되느니라.

　수보리야, 여래는 이른바 선법을 곧 선법
이 아니라 그 이름이 선법이라고 설하느니
라."

복지무비분福智無比分 제이십사

　"수보리야, 만약 어떤 사람은 삼천대천세
계에 있는 모든 수미산만 한 칠보 덩어리를
가져다가 보시를 하고, 어떤 사람은 금강
반야바라밀경이나 사구게 등을 수지하고
독송하고 남을 위해 해설해 주면, 앞 사람
의 복덕은 뒷사람의 백분의 일에도 미치지
못하고, 백천만억분의 일 내지 숫자의 비유
로는 도저히 미치지 못하느니라."

화무소화분化無所化分 제이십오

　"수보리야, 네 생각은 어떠하냐?

너희는 여래가 '나는 마땅히 중생을 제도한다'는 생각을 하시리라고 말하지 말라.

수보리야, 이런 생각을 하지 말라고 한 까닭이 무엇인가? 실로 여래가 제도할 중생이 없기 때문이니, 만약 여래가 제도할 중생이 있다고 한다면 여래에게 곧 아상·인상·중생상·수자상이 있음이니라.

수보리야, 여래가 설한 '내가 있음〔有我〕'은 곧 '내가 있음'이 아니거늘 범부들은 '내가 있다'고 하나니, 수보리야, 여래는 범부에 대해 곧 범부가 아니라 그 이름이 범부라고 설하느니라."

법신비상분法身非相分 제이십육

"수보리야, 네 생각은 어떠하냐? 가히 삼십이상으로써 여래를 볼 수 있느냐?"

수보리가 아뢰었다.

"예, 그러하옵니다. 삼십이상으로써 여래를 볼 수 있사옵니다."

부처님께서 이르셨다.

"수보리야, 만약 삼십이상으로써 여래를 볼 수 있다면 전륜성왕도 곧 여래라고 할 수 있으리라."

수보리가 부처님께 아뢰었다.

"세존이시여, 제가 부처님께서 설하신 뜻을 이해하기로는 마땅히 삼십이상으로는 여래를 볼 수 없사옵니다."

그때 세존께서 게송으로 이르셨다.

색신으로써 나를 보려 하거나
음성으로써 나를 구하려 하면
이 사람은 삿된 도를 행함이라

능히 여래를 보지 못하느니라
약이색견아 이음성구아 시인행사도 불능견여래
若以色見我 以音聲求我 是人行邪道 不能見如來

무단무멸분無斷無滅分 제이십칠

"수보리야, 네가 만약 '여래가 구족상(具足相)을
쓰지 않은 까닭에 아뇩다라삼먁삼보리를
얻었다'는 생각을 하고 있다면, 수보리야,
'여래가 구족상을 쓰지 않은 까닭에 아뇩
다라삼먁삼보리를 얻었다'는 생각을 하지
말라.

수보리야, 네가 만약 '아뇩다라삼먁삼보
리심을 발한 사람은 모든 법을 단멸(끊어서 없앰)
을 말한다'는 생각을 하고 있다면, 그와 같
은 생각을 하여서는 아니된다. 왜냐하면
아뇩다라삼먁삼보리심을 발한 이는 법의
단멸상(斷滅相)을 말하지 않기 때문이니라."

"수보리야, 만약 어떤 보살은 항하의 모래알과 같은 수많은 세계에 가득 찰 만큼의 칠보를 보시하고, 어떤 사람은 일체법이 무아임을 알아서 깨달음을 얻었다면, 이 보살이 얻는 공덕이 앞의 보살이 얻는 공덕보다 수승하니라. 왜냐하면 수보리야, 보살들은 복덕을 받지 않기 때문이니라."

수보리가 부처님께 아뢰었다.

"세존이시여, 어찌하여 보살은 복덕을 받지 않는다고 하시나이까?"

"수보리야, 보살은 지은 복덕에 대해 탐착을 하지 않기 때문에 복덕을 받지 않는다고 설하느니라."

위의적정분威儀寂靜分 제이십구

　"수보리야, 만약 어떤 사람이 '여래는 오기도 하고 가기도 하고 앉기도 하고 눕기도 한다'고 말한다면, 이 사람은 내가 설한 바 뜻을 알지 못함이니라. 왜냐하면 여래는 어디에서 오는 바도 없고, 어디로 가는 바도 없으므로 여래라고 이름하기 때문이니라."

일합이상분一合理相分 제삼십

　"수보리야, 만약 선남자선여인이 삼천대천세계를 부수어서 작은 티끌로 만들었다면, 네 생각은 어떠하냐? 이 작은 티끌들이 많다고 하겠느냐?"
　수보리가 아뢰었다.
　"매우 많겠나이다, 세존이시여. 왜냐하면

만약 이 작은 티끌들이 실로 있는 것이라면 부처님께서는 곧 '작은 티끌들'이라고 설하시지 않았을 것이기 때문입니다.

그 까닭은 부처님께서 설하시는 작은 티끌들은 곧 작은 티끌들이 아니라, 그 이름이 작은 티끌들이기 때문입니다.

세존이시여, 여래께서 설하신 삼천대천세계도 곧 세계가 아니라 그 이름이 세계일 뿐이옵니다. 왜냐하면 만약 세계가 실로 있는 것이라면 곧 그것을 일합상(一合相)(한 덩어리)이라고 할 것이오나, 여래께서 설하신 일합상은 곧 일합상이 아니라 그 이름이 일합상이기 때문입니다."

"수보리야, 일합상은 가히 말로써 표현할 수 없는 것이건만, 범부들은 그 일에 탐착을 하느니라."

　"수보리야, 만약 어떤 사람이 '부처님께서 아견·인견·중생견·수자견을 설하셨다'고 한다면, 수보리야, 네 생각은 어떠하냐? 이 사람이 내가 설한 뜻을 안다고 하겠느냐?"

　"아니옵니다. 세존이시여, 이 사람은 여래께서 설하신 뜻을 이해하지 못하는 것이옵니다. 왜냐하면 세존께서 설하신 아견·인견·중생견·수자견은 곧 아견·인견·중생견·수자견이 아니라 그 이름이 아견·인견·중생견·수자견이기 때문입니다."

　"수보리야, 아뇩다라삼먁삼보리의 마음을 일으킨 사람은 일체법을 마땅히 이와 같이 알고 이와 같이 보고 이와 같이 믿고 이해하여 법상을 내지 말아야 하느니라.

　수보리야, 여래는 이른바 법상에 대해 곧 법상이 아니라 그 이름이 법상이라고 설하느니라."

응화비진분應化非眞分 제삼십이

"수보리야, 만약 어떤 사람이 한량없는 아승지 세계에 가득 찰 만큼의 칠보로써 보시를 하고, 어떤 선남자선여인이 보살심을 발하여 이 경이나 이 경의 사구게 등을 수지하고 독송하고 다른 이를 위해 설하여 주면, 그 복은 앞의 복보다 더욱 수승하니라. 어떻게 다른 이를 위해 연설하여 줄 것인가?

상을 취하지 않고 여여부동(如如不動)할지니라. 무슨 까닭인가?

일체의 유위법은
꿈·환상·물거품·그림자와 같고
이슬과 같고 번개와 같나니
마땅히 이와 같이 관할지니라."

일체유위법　여몽환포영　여로역여전　응작여시관
一切有爲法　如夢幻泡影　如露亦如電　應作如是觀

　부처님께서 이 경을 설하여 마치시니, 장로 수보리와, 비구·비구니·우바새·우바이들과, 일체 세간의 천인·인간·아수라 등이 부처님께서 설하신 말씀을 듣고 모두 크게 환희하여, 믿고 간직하고 받들어 행하였다.

금강반야바라밀경

법회인유분法會因由分 제일

이와 같이 나는 들었다.

어느 때 부처님께서는 사위국의 기수급 舍衛國 祇樹給
고독원에서 천이백오십 인의 큰비구 제자 孤獨園
들과 함께 계시었다.

이날도 세존께서는 공양시간이 되자 가사를 입으신 뒤 바루를 들고 사위성으로 나아가, 한 집 한 집 차례대로 밥을 빌어 마치시고 본처로 돌아와 공양을 하시었다. 本處
그리고 가사와 바루를 제자리에 정돈해 놓으시고 발을 씻은 다음 자리를 펴고 앉으셨다.

그때 장로 수보리가 대중과 함께 있다가 자리에서 일어나, 오른쪽 어깨를 드러내고 오른쪽 무릎을 꿇고 합장하여 부처님께 아뢰었다.

"희유하옵니다, 세존이시여. 여래께서는 언제나 보살들을 잘 보살펴 주시고 보살들에게 잘 당부를 하십니다.

세존이시여, 선남자선여인들이 아뇩다라삼먁삼보리심阿耨多羅三藐三菩提心을 발한 다음, 마땅히 어떻게 그 마음을 유지하여야 하며, 어떻게 그 마음을 항복받아야 하나이까?"

부처님께서 이르셨다.

"착하고 착하구나, 수보리야. 네 말과 같이 여래는 보살들을 잘 보살펴주고, 보살들에게 잘 당부를 하느니라. 너희는 이제

자세히 들으라. 마땅히 너희를 위해 설해 주리라.

선남자선여인이 아뇩다라삼먁삼보리심을 낸 다음에는 마땅히 이와 같이 그 마음을 유지하고, 이와 같이 그 마음을 항복받아야 하느니라."

"예, 세존이시여. 원컨대 기쁜 마음으로 듣고자 하옵니다."

대승정종분大乘正宗分 제삼

부처님께서 수보리에게 이르셨다.

"모든 보살마하살들은 마땅히 이와 같이 그 마음을 항복받아야 하나니, 이른바 온갖 중생들, 곧 난생·태생·습생·화생의 중생과, 형태가 있는 중생·형태가 없는 중생·생각이 있는 중생·생각이 없는 중생·

생각이 있는 것도 아니요 생각이 없는 것도
아닌 중생, 모두를 나는 무여열반(완전한 열반)에
들게 하여 제도하느니라.

　이와 같이 한량없고 수도 없고 끝이 없는
중생을 제도하지만, 실로 제도를 받은 중
생은 없느니라. 왜냐하면 수보리야, 만약
보살에게 아상·인상·중생상·수자상이
있으면 곧 보살이 아니기 때문이니라."

묘행무주분妙行無住分 제사

　"또 수보리야, 보살은 마땅히 그 어디에
도 머무는 바 없이 보시를 해야 하나니, 색
에 머물지 않고 보시를 해야 하며, 소리나
냄새나 맛이나 감촉이나 법에 머물지 않고
보시를 해야 하느니라.

　수보리야, 보살은 마땅히 이와 같이 보

시하여 상에 머물지 않아야 하느니라. 왜냐하면 보살이 상에 집착하지 않고 보시를 하면, 그 복덕이 가히 헤아릴 수 없을 만큼 크기 때문이니라.

수보리야, 네 생각은 어떠하냐? 동쪽 허공의 크기를 가히 헤아릴 수 있겠느냐?"

"헤아릴 수 없나이다, 세존이시여."

"수보리야, 남쪽·서쪽·북쪽의 허공과 동남·서남·동북·서북쪽과 위·아래 허공의 크기를 가히 헤아릴 수 있겠느냐?"

"헤아릴 수 없나이다, 세존이시여."

"수보리야, 보살이 상에 집착함이 없이 베푸는 무주상보시의 복덕 또한 이와 같아서, 가히 헤아릴 수 없느니라. 그러므로 수보리야, 보살은 마땅히 지금 내가 가르쳐 준 대로 마음을 유지하여야 하느니라."

"수보리야, 네 생각은 어떠하냐? 가히 신상身相(몸의 겉모습)으로써 여래를 볼 수 있겠느냐?"

"아니옵니다, 세존이시여. 신상으로는 여래를 볼 수 없나이다. 왜냐하면 여래께서 설하시는 신상은 곧 신상이 아니기 때문입니다."

부처님께서 수보리에게 이르셨다.

무릇 있는 바 상은
다 허망된 것이니
만약 모든 상이 상 아님을 보면
곧 여래를 보게 되느니라

범소유상 개시허망 약견제상비상 즉견여래
凡所有相 皆是虛妄 若見諸相非相 卽見如來

수보리가 부처님께 아뢰었다.

"세존이시여, 자못 어떤 중생이 이와 같은 말씀이나 글귀를 보고 진실한 믿음을 낼 수 있겠나이까?"

부처님께서 수보리에게 이르셨다.

"그러한 말을 하지 말라. 여래가 열반에 든 뒤의 후오백세(後五百歲)에도, 계를 지키고 복을 닦는 이는 이 가르침에 대해 능히 신심을 내고 이를 진실로 삼으리니, 마땅히 알아라. 이 사람은 한 부처님이나 두 부처님, 셋·넷·다섯 부처님께만 선근을 심은 것이 아니라, 이미 한량이 없는 천만 부처님께 온갖 선근을 심었으므로, 이 가르침을 듣고 한 생각에 깨끗한 믿음을 내느니라.

수보리야, 여래는 이러한 중생들이 한량

없는 복덕을 얻음을 다 알고 다 보시느니라.

왜냐하면 이 중생들에게 다시는 아상·인상·중생상·수자상이 없으며, 법상(法相)(법이라는 생각)도 없고, 비법상(非法相)(법이 아니라는 생각)도 없기 때문이니라.

왜냐하면 이 중생들이 마음에 어떤 상을 취하게 되면 아상·인상·중생상·수자상에 집착함이 되기 때문이니, 만약 법상을 취하여도 아상·인상·중생상·수자상에 집착함이요, 비법상을 취하여도 아상·인상·중생상·수자상에 집착함이 되느니라.

그러므로 마땅히 법도 취하지 말고 비법도 취하지 말지니라.

이러한 까닭에 여래는 항상 '비구들이여, 너희는 내가 설한 법을 뗏목처럼 여겨야 한다'고 말한 것이다. 이렇게 법도 오히려 놓아버려야 하거늘, 하물며 법 아닌 것이랴.”

"수보리야, 네 생각은 어떠하냐? 여래가 '아뇩다라삼먁삼보리를 얻었다'고 생각하느냐? 여래가 '설한 바 법이 있다'고 생각하느냐?"

수보리가 아뢰었다.

"제가 부처님께서 설하신 바의 뜻을 알기로는, 아뇩다라삼먁삼보리라고 이름할 만한 정해진 법이 없으며, 여래께서 설하시는 정해진 법 또한 없나이다. 왜냐하면 여래께서 설하시는 법은 가히 다 취할 수도 없고 가히 다 말할 수도 없으며, 법도 아니요 비법도 아니기 때문입니다.

그 까닭은 모든 현성이 다 무위법無爲法으로써 차별을 삼기 때문입니다."

"수보리야, 네 생각은 어떠하냐? 어떤 사람이 일곱 가지 보배로써 삼천대천세계三千大千世界에 가득 찰 만큼의 보시를 하였다면, 이 사람의 얻는 바 복덕은 얼마나 많겠느냐?"

수보리가 아뢰었다.

"매우 많겠나이다, 세존이시여. 왜냐하면 이 복덕은 곧 복덕성福德性이 아니기 때문에, 여래께서는 복덕이 많다고 설하시옵니다."

"만약 어떤 사람이 이 경 가운데의 사구게四句偈 등을 받아지녀서 남을 위하여 설해 준다면, 그 복덕은 앞에서 말한 복덕보다 훨씬 더 뛰어나니라. 왜냐하면 수보리야, 모든 부처님과 모든 부처님의 아뇩다라삼먁삼보리법이 모두 이 경전에서 나온 때문이니, 수보리야, 이른바 불법佛法이라 하는 것은 곧 불법이 아니니라."

일상무상분 相無相分 제구

"수보리야, 네 생각은 어떠하냐? 수다원[須陀洹]이 스스로 생각하기를, '나는 수다원과를 얻었노라'고 하겠느냐?"

수보리가 아뢰었다.

"아니옵니다, 세존이시여. 왜냐하면 수다원을 이름하여 입류[入流]라고 하지만 들어간 바가 없으니, 색성향미촉법에 들어가지 않으므로 수다원이라 이름하옵니다."

"수보리야, 네 생각은 어떠하냐? 사다함[斯陀含]이 스스로 생각하기를, '나는 사다함과를 얻었노라'고 하겠느냐?"

수보리가 아뢰었다.

"아니옵니다, 세존이시여. 왜냐하면 사다

함을 이름하여 일왕래라 하지만, 실로 가
고 옴이 없으므로 사다함이라 이름하옵니
다."

　"수보리야, 네 생각은 어떠하냐? 아나함
이 스스로 생각하기를, '나는 아나함과를
얻었노라'고 하겠느냐?"

　수보리가 아뢰었다.

　"아니옵니다, 세존이시여. 왜냐하면 아나
함을 이름하여 불래라고 하지만, 실로 오
지 않음이 없으므로 아나함이라 이름하옵
니다."

　"수보리야, 네 생각은 어떠하냐? 아라한
이 스스로 생각하기를, '나는 아라한도를
얻었노라'고 하겠느냐?"

　수보리가 아뢰었다.

　"아니옵니다, 세존이시여. 왜냐하면 실로

아라한이라 이름할 법이 없기 때문입니다.

세존이시여, 만약 아라한이 스스로 생각하기를, '나는 아라한도를 얻었노라'고 하면, 그것은 곧 아상·인상·중생상·수자상에 집착함입니다.

세존이시여, 부처님께서는 저를 '무쟁삼매를 얻은 사람들 중에 최고요 욕심을 떠난 제일의 아라한'이라고 하시지만, 제 스스로는 '내가 욕심을 떠난 아라한'이라는 생각을 하지 않나이다.

세존이시여, 제가 만약 '나는 아라한도를 얻었다'고 생각한다면, 세존께서 '수보리는 아란나행을 즐기는 이'라고 말씀하지 않을 것이나, 수보리가 실로 행하는 바가 없기 때문에 '수보리는 아란나행을 즐기는 이'라고 말씀하시나이다."

부처님께서 수보리에게 이르셨다.

"네 생각은 어떠하냐? 그 옛날에 여래가 연등불燃燈佛의 처소에서 법을 얻은 바가 있다고 생각하느냐?"

"아니옵니다, 세존이시여. 여래께서는 연등불의 처소에서 법을 실로 얻은 바가 없나이다."

"수보리야, 네 생각은 어떠하냐? 보살이 불국토를 장엄하느냐?"

"아니옵니다, 세존이시여. 왜냐하면 불국토를 장엄하는 것은 곧 장엄이 아니라 그 이름이 장엄이기 때문입니다."

"그런 까닭에 수보리야, 모든 보살마하살은 마땅히 이와 같이 청정한 마음을 내어야 하나니, 마땅히 색에 머물러 마음을 내지 말 것이요 소리와 냄새와 맛과 감촉과 법에 머물러 마음을 내지 말 것이며, 마땅히 머무는 바 없이 그 마음을 내어야 하느니라〔應無所住 而生其心〕.

수보리야, 비유하건대 어떤 사람의 몸이 수미산(須彌山)만하다면, 네 생각은 어떠하냐? 그 몸이 크다고 하겠느냐?”

수보리가 아뢰었다.

“매우 크겠나이다, 세존이시여. 왜냐하면 부처님께서는 몸 아닌 것을 이름하여 큰 몸이라 설하셨기 때문입니다.”

무위복승분無爲福勝分 제십일

“수보리야, 항하(恒河)에 있는 모래알 수만큼이나 많은 항하가 또 있다고 한다면, 네 생각은 어떠하냐? 이 모든 항하의 모래는 얼마나 많겠느냐?"

수보리가 아뢰었다.

"매우 많나이다, 세존이시여. 모든 항하의 수만 하여도 오히려 헤아릴 수 없이 많을 것인데, 하물며 그 모래알의 수이겠나이까?"

"수보리야, 내 이제 진실한 말로 그대에게 이르노라. 만약 선남자선여인이 칠보로써 저 항하의 모래알 수만큼이나 많은 삼천대천세계에 가득 차도록 보시를 한다면, 그가 얻을 복은 얼마나 많겠느냐?"

수보리가 아뢰었다.

"매우 많나이다, 세존이시여."

부처님께서 수보리에게 이르셨다.

"만약 선남자선여인이 이 경 가운데의 사구게 등을 받아지니고 다른 사람을 위해 설한다면, 이 복덕은 앞서 말한 보시의 복덕보다 더 수승하니라."

존중정교분尊重正教分 제십이

"또 수보리야, 이 경을 따라 사구게 등을 설한다면 마땅히 알지어다. 이곳을 일체 세간의 천인·인간·아수라 등이 부처님의 탑과 절에 하듯이 공양하느니라. 하물며 어떤 사람이 이 경 모두를 수지하고 독송함에 있어서랴.

수보리야, 마땅히 알지어다. 이 사람은 가장 높고 제일가고 희유한 법을 성취하게 되나니, 이 경전이 있는 곳에는 곧 부처님과 존중받는 제자들이 함께 있음이니라."

그때 수보리가 부처님께 아뢰었다.

"세존이시여, 이 경의 이름을 무엇이라 하며, 저희들이 어떻게 받들어 지니오리까?"

부처님께서 수보리에게 이르셨다.

"이 경의 이름은 금강반야바라밀金剛般若波羅蜜이니, 이 이름으로 너희는 마땅히 받들어 지닐지어다.

무슨 까닭인가? 수보리야, 부처가 설하는 반야바라밀은 곧 반야바라밀이 아니라 그 이름이 반야바라밀이기 때문이니라.

수보리야, 네 생각은 어떠하냐? 여래가 설한 바 법이 있느냐?"

수보리가 아뢰었다.

"세존이시여, 여래께서는 설한 바가 없나이다."

　"수보리야, 네 생각은 어떠하냐? 삼천대
천세계에는 티끌이 얼마나 많겠느냐?"
　수보리가 아뢰었다.
　"매우 많나이다. 세존이시여."
　"수보리야, 여래는 티끌들이 티끌이 아니
라 그 이름이 티끌이라고 설하고, 여래는
세계를 세계가 아니라 그 이름이 세계라고
설하느니라.
　수보리야, 네 생각은 어떠하냐? 가히 삼
십이상(三十二相)으로 여래를 볼 수 있겠느냐?"
　"아니옵니다, 세존이시여. 삼십이상으로
는 여래를 보지 못하옵니다. 왜냐하면 여래
께서 설하신 삼십이상은 곧 삼십이상이 아
니라, 그 이름이 삼십이상이기 때문입니다."
　"수보리야, 어떤 선남자선여인이 항하의
모래알 수만큼이나 많은 몸과 목숨을 바쳐

서 보시를 하는 복보다, 어떤 사람이 이 경 가운데의 사구게 등을 수지하여 남을 위해 설하여 주는 복이 훨씬 더 뛰어나니라."

이상적멸분離相寂滅分 제십사

그때 수보리가 이 경을 설하시는 것을 듣고 깊이 그 뜻을 깨달아 눈물을 흘리며 부처님께 아뢰었다.

"희유하옵니다, 세존이시여. 부처님께서 이와 같이 심히 깊은 경전을 설하심은, 제가 혜안慧眼을 얻은 이후 한 번도 듣지 못하였나이다.

세존이시여, 만약 어떤 사람이 이 경을 듣고 신심이 청정해지면 곧 실상實相을 깨달으리니, 마땅히 이 사람이 제일 희유한 공덕을 성취하는 줄로 알겠나이다.

　　세존이시여, 이 실상은 곧 상이 아니오니, 그러한 까닭으로 여래께서는 실상이라고 설하셨나이다.

　　세존이시여, 저는 이제 이 경전을 얻어 듣고 믿고 받아지니는 것이 그다지 어렵지 않사오나, 앞으로 다가올 후오백세 뒤의 중생들이 이 경전을 듣고서 믿고 이해하고 수지한다면, 이 사람이야말로 가장 희유한 사람이 될 것이옵니다. 왜냐하면 이 사람은 아상도 없고 인상·중생상·수자상도 없기 때문입니다.

　　그 까닭은 아상이 곧 상이 아니요, 인상·중생상·수자상도 곧 상이 아니기 때문입니다. 왜냐하면 일체의 모든 상을 떠난 것을 이름하여 제불(諸佛)이라 하기 때문입니다."

　　부처님께서 수보리에게 이르셨다.

"그러하고 그러하다. 만약 어떤 사람이 이 경을 듣고 놀라지 않고 겁내지 않고 두려워하지 않는다면, 마땅히 알라. 그는 매우 희유한 사람이니라. 왜냐하면 수보리야, 여래가 설하는 제일바라밀은 곧 제일바라밀이 아니라, 그 이름이 제일바라밀이기 때문이니라.

수보리야, 인욕바라밀도 여래는 인욕바라밀이 아니라고 설하나니, 그 이름이 인욕바라밀이니라.

왜냐하면 수보리야, 옛날 가리왕이 나의 몸을 베고 끊었을 때 나는 아상도 없었고 인상이 없었으며, 중생상도 없었고 수자상도 없었느니라. 내가 마디마디 사지를 끊길 그때, 아상이나 인상·중생상·수자상이 있었더라면, 마땅히 원망하는 마음을 내었을 것이니라.

수보리야, 또 생각하니, 과거 오백세 동안 인욕선인이 되었던 그때에도 아상·인상·중생상·수자상이 없었느니라.

그러므로 수보리야, 보살은 마땅히 일체의 상을 떠나서 아뇩다라삼먁삼보리심을 발하여야 하나니, 마땅히 색에 머물러 마음을 내지 말고, 마땅히 소리와 냄새와 맛과 감촉과 법에 머물러 마음을 내지 말지니, 마땅히 머무르는 바 없이 마음을 내어야 하느니라.

만약 마음에 머무르는 바가 있으면 곧바로 그 머무름을 지울지니, 그러므로 부처님은 '보살은 마땅히 색에 머무르지 않는 보시를 해야 한다'고 설하느니라.

수보리야, 보살은 일체 중생을 이익되게

하기 위해 마땅히 이와 같이 보시를 해야 하나니, 그래서 여래는 일체의 상들이 곧 상이 아니라 설하고, 일체의 중생이 곧 중생이 아니라고 설하느니라.

수보리야, 여래는 참다운 말을 하는 이요, 실다운 말을 하는 이요, 한결같은 말을 하는 이요, 속임수 없는 말을 하는 이요, 사실과 다르지 않은 말을 하는 이이니라.

수보리야, 여래가 얻은 이 법은 실(實)도 없고 허(虛)도 없느니라.

수보리야, 만약에 보살이 그 무엇에 집착하는 마음으로 보시를 하게 되면, 그는 마치 어둠 속으로 들어가서 아무것도 보지 못하는 사람처럼 되느니라.

그러나 보살이 그 무엇에 집착하지 않는 마음으로 보시를 하게 되면, 그는 마치 눈

밝은 사람이 밝은 햇빛 아래에서 가지가지
의 색을 분명히 보는 것과 같으니라.

　수보리야, 장차 오는 세상의 선남자선여
인이 능히 이 경을 받아지니고 읽고 외우
면, 여래는 곧 부처의 지혜로써 이 사람을
다 알고 다 보아서, 그로 하여금 한량없고
가없는 공덕을 성취하게 하느니라.”

지경공덕분持經功德分 제십오

　“수보리야, 만약 어떤 선남자선여인이 아
침에 항하의 모래 수와 같은 몸으로 보시
를 하고, 낮에 다시 항하의 모래 수와 같은
몸으로 보시를 하고, 저녁에 또한 항하의
모래 수와 같은 몸으로 보시를 하되 한량
없는 백천만억겁 동안 몸으로 보시를 할지
라도, 어떤 사람이 이 경전을 듣고 마음으

로 믿어서 거역하지 않으면, 그 복덕이 저 몸을 보시한 복덕보다 수승하니라. 하물며 사경을 하거나, 수지하고 독송하거나, 남을 위해 해설을 해주는 공덕이랴.

수보리야, 요점만 말하건대, 이 경은 불가사의하고 가히 측량할 수 없고 끝이 없는 공덕을 지니고 있나니, 여래는 대승의 마음을 발한 이를 위해 이 경을 설하고, 최상승의 마음을 발한 이를 위해 이 경을 설하느니라.

만약 어떤 사람이 능히 이 경을 수지하고 독송하고 널리 남을 위해 설하여 주면 여래는 이 사람을 다 알고 다 보나니, 이 사람은 가히 헤아릴 수 없고 측량할 수 없고 끝이 없는 불가사의한 공덕을 모두 얻어서 성취하게 되며, 이 사람은 곧바로 여래의 아뇩다라삼먁삼보리를 짊어지고 나아가느니라.

왜냐하면 수보리야, 작은 법을 좋아하는 사람은 아견과 인견과 중생견과 수자견에 집착하기 때문에, 이 경을 듣고 받아들이거나, 독송을 하거나, 남을 위해 해설을 해주지 못하느니라.

수보리야, 어느 곳이든지 이 경이 있으면 마땅히 일체 세간의 천인과 인간과 아수라가 공양을 하느니라.

마땅히 알아라. 이 경이 있는 곳은 곧 탑이 되나니, 모두가 공경하여 예배를 드리고 주위를 돌면서 갖가지 꽃과 향을 뿌리느니라."

능정업장분能淨業障分 제십육

"또 수보리야, 선남자선여인이 이 경을

수지하고 독송하면서도 남에게 업신여김을 당한다면, 이 사람은 전생의 죄업으로 마땅히 악도(惡道)에 떨어질 것이로되, 금생에 업신여김을 받는 까닭으로 전생의 죄업이 곧 소멸되어 마땅히 아뇩다라삼먁삼보리를 얻게 되느니라.

수보리야, 내가 과거의 헤아릴 수 없는 아승지겁을 생각해보니, 연등불을 뵙기 전에 팔백사천만억 나유타 수의 부처님들을 만나 그 부처님 모두를 공양하고 받들고 섬기면서 헛되이 지냄이 없었느니라.

그런데 어떤 사람이 앞으로 오는 말세에 능히 이 경을 받아지니고 독송을 하면, 내가 모든 부처님께 공양한 공덕으로는 그 공덕의 백분의 일에도 미치지 못하며, 천만억분의 일 내지 숫자의 비유로는 도저히 미치지 못하느니라.

수보리야, 만약 선남자선여인이 앞으로 오는 말세에 이 경을 받아지니고 독송함으로써 얻게 되는 공덕을 다 갖추어 말한다면, 혹 어떤 사람은 듣고 마음이 산란하여져서 여우처럼 의심하고 믿지 않을 것이니라.

수보리야, 마땅히 알아라. 이 경은 뜻도 불가사의하며 그 과보 또한 불가사의하니라."

구경무아분究竟無我分 제십칠

그때 수보리가 부처님께 아뢰었다.

"세존이시여, 선남자선여인들이 아뇩다라삼먁삼보리심을 발한 다음, 마땅히 어떻게 그 마음을 유지하여야 하며 어떻게 그 마음을 항복받아야 하나이까?"

부처님께서 수보리에게 이르셨다.

"만약 선남자선여인이 아뇩다라삼먁삼보리심을 발하였으면 마땅히 이와 같이 마음을 내어야 하느니라. 곧 '나는 마땅히 일체 중생을 제도하되, 일체 중생을 제도하고 나서는 실로 한 중생도 제도함이 없다' 하리니, 왜냐하면 보살에게 아상·인상·중생상·수자상이 있으면 곧 보살이 아니기 때문이니라.

무슨 까닭인가? 수보리야, 실로 법에는 아뇩다라삼먁삼보리심을 발하였다고 하는 것이 없기 때문이니라.

수보리야, 네 생각은 어떠하냐? 여래가 연등불의 처소에서 아뇩다라삼먁삼보리라고 하는 법을 얻었느냐?"

"아니옵니다, 세존이시여. 제가 부처님께

서 말씀하시는 뜻을 이해하건대, 부처님께
서는 연등불의 처소에서 아뇩다라삼먁삼
보리라고 하는 법을 얻은 바가 없나이다."

부처님께서 이르셨다.

"그러하고 그러하다, 수보리야. 실로 여
래는 아뇩다라삼먁삼보리라고 하는 법을
얻은 바가 없느니라.

수보리야, 만약 내가 아뇩다라삼먁삼보
리라고 하는 법을 얻은 바가 있다면 연등
불께서는 나에게, '너는 내세에 마땅히 부
처를 이루어 호를 석가모니라 하리라'는 수
기를 주시지 않았을 것이나, 실로 아뇩다
라삼먁삼보리의 법을 얻은 바가 없기 때문
에 연등불께서는 나에게, '너는 내세에 마
땅히 부처를 이루어 호를 석가모니라 하리
라'는 수기를 주신 것이니라. 왜냐하면 여

래는 곧 '모든 법 그대로'라는 뜻이기 때문
이니라.

  만약 어떤 사람이 '여래가 아눅다라삼먁
삼보리를 얻었다'고 하면, 수보리야, 실로
부처님은 아눅다라삼먁삼보리라고 하는
법을 얻은 바가 없느니라.

  수보리야, 여래가 얻은 바 아눅다라삼먁
삼보리 가운데에는 실(實)도 없고 허(虛)도 없나니,
이러한 까닭으로 여래는 '일체법이 다 불법(佛法)
이다'고 설하느니라.

  수보리야, 말한 바 일체법은 곧 일체법이
아니니라. 그러므로 그 이름을 일체법이라
고 하나니, 수보리야, 비유하자면 어떤 사
람의 몸을 장대하다고 하는 것과 같으니
라."

  수보리가 아뢰었다.

"세존이시여, 여래께서 말씀하시는 장대한 몸은 곧 장대한 몸이 아니라 그 이름이 장대한 몸이옵니다."

"수보리야, 보살 또한 이와 같아서, 만약 '내가 한량없는 중생을 제도하리라' 하면, 곧 보살이라고 이름할 수 없느니라. 왜냐하면 수보리야, 실로 보살이라고 이름할 수 있는 법이 없기 때문이니, 그러므로 부처님은 일체법이 무아상(無我相)이요 무인상(無人相)이요 무중생상(無衆生相)이요 무수자상(無壽者相)이라고 설하느니라.

수보리야, 만약 보살이 '내가 마땅히 불국토를 장엄한다'고 하면 그를 보살이라고 이름하지 않나니, 왜냐하면 여래가 설하는 '불국토의 장엄'은 곧 장엄이 아니라 그 이름이 장엄이기 때문이니라.

수보리야, 만약 보살이 무아법(無我法)을 통달하

게 되면 여래는 그를 '참다운 보살'이라고
이름하느니라."

일체동관분 一體同觀分 제십팔

"수보리야, 네 생각은 어떠하냐? 여래에
게 육안(肉眼)이 있느냐?"

"그러하옵니다, 세존이시여. 여래는 육안
이 있사옵니다."

"수보리야, 네 생각은 어떠하냐? 여래에
게 천안(天眼)이 있느냐?"

"그러하옵니다, 세존이시여. 여래는 천안
이 있사옵니다."

"수보리야, 네 생각은 어떠하냐? 여래에
게 혜안(慧眼)이 있느냐?"

"그러하옵니다, 세존이시여. 여래는 혜안
이 있사옵니다."

"수보리야, 네 생각은 어떠하냐? 여래에
게 법안(法眼)이 있느냐?"

"그러하옵니다, 세존이시여. 여래는 법안
이 있사옵니다."

"수보리야, 네 생각은 어떠하냐? 여래에
게 불안(佛眼)이 있느냐?"

"그러하옵니다, 세존이시여. 여래는 불안
이 있사옵니다."

"수보리야, 네 생각은 어떠하냐? 저 항하(恒
河) 가운데 있는 모래를 여래가 모래라고
설한 적이 있느냐?"

"그러하옵니다, 세존이시여. 여래는 모래
라고 설하신 적이 있사옵니다."

"수보리야, 네 생각은 어떠하냐? 저 항하
의 모래알 수만큼 많은 항하가 있고, 또 그
많은 항하에 있는 모래알 수만큼이나 많은

부처님의 세계가 있다고 하면 그 세계가 얼마나 많겠느냐?"

"매우 많겠나이다, 세존이시여."

부처님께서 수보리에게 이르셨다.

"그토록 많은 국토에서 살고 있는 중생들의 갖가지 마음을 여래는 다 알고 있느니라. 왜냐하면 여래가 설한 마음들은 다 마음이 아니라 그 이름이 마음이기 때문이니라.

무슨 까닭인가? 수보리야,

과거심도 얻을 수 없고

현재심도 얻을 수 없으며

미래심도 얻을 수 없기 때문이니라."

법계통화분法界通化分 제십구

"수보리야, 네 생각은 어떠하냐? 어떤 사람이 칠보로써 삼천대천세계에 가득 찰 만

큼의 보시를 하였다면, 이 사람은 이 인연
으로 얻을 복이 많겠느냐?"

"그러하옵니다, 세존이시여. 이 사람은
이 인연으로 얻을 복이 매우 많겠나이다."

"수보리야, 만약 복덕이 실로 있는 것이
라면 얻을 복덕이 많다고 여래는 설하지 않
았을 것이나, 복덕이 본래 없는 까닭에 얻
을 복덕이 많다고 여래는 설하느니라."

이색이상분離色離相分 제이십

"수보리야, 네 생각은 어떠하냐? 여래를
가히 구족색신具足色身(잘 갖추어진 몸의 모습)을 통하여 볼 수 있
느냐?"

"아니옵니다, 세존이시여. 구족색신으로
는 마땅히 여래를 볼 수 없사옵니다. 왜냐
하면 여래께서 설하신 구족색신은 곧 구족

색신이 아니라 그 이름이 구족색신이기 때문입니다."

"수보리야, 네 생각은 어떠하냐? 여래를 가히 제상구족(여러 가지 거룩한 상호를 갖춘 겉모습)을 통하여 볼 수 있느냐?"

"아니옵니다, 세존이시여. 제상의 구족을 통해서는 마땅히 여래를 볼 수 없사옵니다. 왜냐하면 여래께서 설하신 제상구족은 제상구족이 아니라 그 이름이 제상구족이기 때문입니다."

비설소설분非說所說分 제이십일

"수보리야, 너희는 여래가 '나는 마땅히 설한 바 법이 있다'는 생각을 하시리라고 생각하지 말라. 왜냐하면 만약 어떤 사람이 '여래께서 설한 바 법이 있다'고 한다면 곧 부처님을 비방하는 것이니, 내가 설한 바를 잘 이해하지 못한 때문이니라.

수보리야, 법을 설한다고 하나 가히 설할 만한 법이 없나니, 그 이름이 설법이니라."

그때 혜명 수보리가 부처님께 아뢰었다.

"세존이시여, 미래 세상에서 자못 어떤 중생이 이 법을 설하시는 것을 듣고 신심을 내겠나이까?"

부처님께서 이르셨다.

"수보리야, 저들은 중생도 아니요 중생이 아님도 아니니라. 왜냐하면 수보리야, 여래는 '중생·중생'에 대해, 중생이 아니라 그 이름이 중생이라고 설하느니라."

무법가득분無法可得分 제이십이

수보리가 부처님께 아뢰었다.

"세존이시여, 부처님께서 아뇩다라삼먁삼보리를 얻으신 것도 얻은 바가 없음이 되옵니까?"

부처님께서 이르셨다.

"그러하고 그러하다, 수보리야. 나는 아뇩다라삼먁삼보리에 있어 어떠한 조그마한 법도 가히 얻은 것이 없으므로, 이를 아뇩다라삼먁삼보리라 이름하느니라."

정심행선분淨心行善分 제이십삼

"또 수보리야, 이 법은 평등하여 높고 낮음이 없으므로 이를 아뇩다라삼먁삼보리라 이름하나니, 아상도 없고 인상도 없고 중생상도 없고 수자상도 없이 일체의 선법(善法)을 닦으면 곧 아뇩다라삼먁삼보리를 얻게 되느니라.

수보리야, 여래는 이른바 선법을 곧 선법이 아니라 그 이름이 선법이라고 설하느니라."

복지무비분福智無比分 제이십사

"수보리야, 만약 어떤 사람은 삼천대천세계에 있는 모든 수미산만 한 칠보 덩어리를 가져다가 보시를 하고, 어떤 사람은 금강반야바라밀경이나 사구게 등을 수지하고 독송하고 남을 위해 해설해 주면, 앞 사람의 복덕은 뒷사람의 백분의 일에도 미치지 못하고, 백천만억분의 일 내지 숫자의 비유로는 도저히 미치지 못하느니라."

화무소화분化無所化分 제이십오

"수보리야, 네 생각은 어떠하냐?

너희는 여래가 '나는 마땅히 중생을 제도한다'는 생각을 하시리라고 말하지 말라.

수보리야, 이런 생각을 하지 말라고 한 까닭이 무엇인가? 실로 여래가 제도할 중생이 없기 때문이니, 만약 여래가 제도할 중생이 있다고 한다면 여래에게 곧 아상·인상·중생상·수자상이 있음이니라.

수보리야, 여래가 설한 '내가 있음〔有我〕'은 곧 '내가 있음'이 아니거늘 범부들은 '내가 있다'고 하나니, 수보리야, 여래는 범부에 대해 곧 범부가 아니라 그 이름이 범부라고 설하느니라."

법신비상분法身非相分 제이십육

"수보리야, 네 생각은 어떠하냐? 가히 삼십이상으로써 여래를 볼 수 있느냐?"

수보리가 아뢰었다.

"예, 그러하옵니다. 삼십이상으로써 여래를 볼 수 있사옵니다."

부처님께서 이르셨다.

"수보리야, 만약 삼십이상으로써 여래를 볼 수 있다면 전륜성왕(轉輪聖王)도 곧 여래라고 할 수 있으리라."

수보리가 부처님께 아뢰었다.

"세존이시여, 제가 부처님께서 설하신 뜻을 이해하기로는 마땅히 삼십이상으로는 여래를 볼 수 없사옵니다."

그때 세존께서 게송으로 이르셨다.

색신으로써 나를 보려 하거나
음성으로써 나를 구하려 하면
이 사람은 삿된 도를 행함이라

능히 여래를 보지 못하느니라

약이색견아 이음성구아 시인행사도 불능견여래

若以色見我 以音聲求我 是人行邪道 不能見如來

무단무멸분無斷無滅分 제이십칠

"수보리야, 네가 만약 '여래가 구족상(具足相)을 쓰지 않은 까닭에 아뇩다라삼먁삼보리를 얻었다'는 생각을 하고 있다면, 수보리야, '여래가 구족상을 쓰지 않은 까닭에 아뇩다라삼먁삼보리를 얻었다'는 생각을 하지 말라.

수보리야, 네가 만약 '아뇩다라삼먁삼보리심을 발한 사람은 모든 법을 단멸(끊어서 없앰)을 말한다'는 생각을 하고 있다면, 그와 같은 생각을 하여서는 아니된다. 왜냐하면 아뇩다라삼먁삼보리심을 발한 이는 법의 단멸상(斷滅相)을 말하지 않기 때문이니라."

"수보리야, 만약 어떤 보살은 항하의 모래알과 같은 수많은 세계에 가득 찰 만큼의 칠보를 보시하고, 어떤 사람은 일체법이 무아임을 알아서 깨달음을 얻었다면, 이 보살이 얻는 공덕이 앞의 보살이 얻는 공덕보다 수승하니라. 왜냐하면 수보리야, 보살들은 복덕을 받지 않기 때문이니라."

수보리가 부처님께 아뢰었다.

"세존이시여, 어찌하여 보살은 복덕을 받지 않는다고 하시나이까?"

"수보리야, 보살은 지은 복덕에 대해 탐착을 하지 않기 때문에 복덕을 받지 않는다고 설하느니라."

위의적정분威儀寂靜分 제이십구

"수보리야, 만약 어떤 사람이 '여래는 오기도 하고 가기도 하고 앉기도 하고 눕기도 한다'고 말한다면, 이 사람은 내가 설한 바 뜻을 알지 못함이니라. 왜냐하면 여래는 어디에서 오는 바도 없고, 어디로 가는 바도 없으므로 여래라고 이름하기 때문이니라."

일합이상분一合理相分 제삼십

"수보리야, 만약 선남자선여인이 삼천대천세계를 부수어서 작은 티끌로 만들었다면, 네 생각은 어떠하냐? 이 작은 티끌들이 많다고 하겠느냐?"

수보리가 아뢰었다.

"매우 많겠나이다, 세존이시여. 왜냐하면

만약 이 작은 티끌들이 실로 있는 것이라면 부처님께서는 곧 '작은 티끌들'이라고 설하시지 않았을 것이기 때문입니다.

그 까닭은 부처님께서 설하시는 작은 티끌들은 곧 작은 티끌들이 아니라, 그 이름이 작은 티끌들이기 때문입니다.

세존이시여, 여래께서 설하신 삼천대천세계도 곧 세계가 아니라 그 이름이 세계일 뿐이옵니다. 왜냐하면 만약 세계가 실로 있는 것이라면 곧 그것을 일합상一合相(한 덩어리)이라고 할 것이오나, 여래께서 설하신 일합상은 곧 일합상이 아니라 그 이름이 일합상이기 때문입니다."

"수보리야, 일합상은 가히 말로써 표현할 수 없는 것이건만, 범부들은 그 일에 탐착을 하느니라."

"수보리야, 만약 어떤 사람이 '부처님께서 아견·인견·중생견·수자견을 설하셨다'고 한다면, 수보리야, 네 생각은 어떠하냐? 이 사람이 내가 설한 뜻을 안다고 하겠느냐?"

"아니옵니다. 세존이시여, 이 사람은 여래께서 설하신 뜻을 이해하지 못하는 것이옵니다. 왜냐하면 세존께서 설하신 아견·인견·중생견·수자견은 곧 아견·인견·중생견·수자견이 아니라 그 이름이 아견·인견·중생견·수자견이기 때문입니다."

"수보리야, 아뇩다라삼먁삼보리의 마음을 일으킨 사람은 일체법을 마땅히 이와 같이 알고 이와 같이 보고 이와 같이 믿고 이해하여 법상을 내지 말아야 하느니라.

　수보리야, 여래는 이른바 법상에 대해 곧 법상이 아니라 그 이름이 법상이라고 설하느니라."

응화비진분應化非眞分 제삼십이

"수보리야, 만약 어떤 사람이 한량없는 아승지 세계에 가득 찰 만큼의 칠보로써 보시를 하고, 어떤 선남자선여인이 보살심을 발하여 이 경이나 이 경의 사구게 등을 수지하고 독송하고 다른 이를 위해 설하여 주면, 그 복은 앞의 복보다 더욱 수승하니라. 어떻게 다른 이를 위해 연설하여 줄 것인가?

　상을 취하지 않고 여여부동할지니라. 무슨 까닭인가?

일체의 유위법은
꿈·환상·물거품·그림자와 같고
이슬과 같고 번개와 같나니
마땅히 이와 같이 관할지니라.”

일체유위법　여몽환포영　여로역여전　응작여시관
一切有爲法　如夢幻泡影　如露亦如電　應作如是觀

　　부처님께서 이 경을 설하여 마치시니, 장로 수보리와, 비구·비구니·우바새·우바이들과, 일체 세간의 천인·인간·아수라 등이 부처님께서 설하신 말씀을 듣고 모두 크게 환희하여, 믿고 간직하고 받들어 행하였다.

생활 속의 금강경

신국판   304쪽   10,000원

『생활 속의 금강경』은 일평생을 수행과 중생교화를 위해 살아오신 우룡큰스님께서 그토록 어렵다는 금강경의 가르침을 우리의 생활에 접목시켜 쉽고도 재미있게 풀이한 책입니다. 이제 이 책을 통해 마음 다스리는 법을 터득하시어 우주에 가득찬 지혜와 영광과 행복을 누려보시기 바랍니다.

영험깊은 금강경 사경집 (3종)

금강경 한글사경	4×6배판	112쪽	5,000원
금강경 한문사경	4×6배판	112쪽	5,000원

※ 한 권의 책으로 2번을 사경할 수 있습니다.

금강경 한문한글사경	4×6배판	100쪽	4,000원

※ 한 권의 책으로 1번 사경할 수 있으며, 한 단락씩 한자 원문을 먼저 싣고 한글번역본을 수록하여 내용 파악을 더욱 용이하게 하였습니다.

♠ 각 책마다 금강경 사경의 방법을 자세하게 설명하고 있습니다.

불자들에게 있어 가장 요긴하고 으뜸된 경전인 금강경! 이 금강경을 자꾸자꾸 사경해보십시오. 업장소멸은 물론이요 크나큰 깨달음과 갖가지 좋은 일들이 저절로 다가오게 됩니다.

독송용 금강경

① 금강경(큰활자본)	4×6배판	112쪽	5,000원
② 우리말 금강경	국반판	100쪽	2,500원

'불자들이 꼭 읽어야 할 불경을 우리말로 보급하겠'는 원력에 의해 제작된 책입니다. 한글 번역이 쉽고 분명하고 아름다우며 본문을 큰 글씨로 편집하여 누구나 읽기 편하도록 엮었습니다. ① 큰활자본 금강경은 앞쪽에 한글 번역본을, 뒤쪽에 한문과 한문음을 함께 수록하였습니다. ② 우리말 금강경은 휴대하여 독송하기 좋도록 제작하였습니다.

◈ 법보시는 할인혜택을 드립니다. (문의전화 : 02-587-6612)